AF457323

Learn German: Proverbs Idioms & Phrases

by
Linda Milton

As you may already know, **German** is not an easy-to-learn language.

The best way to try to master German is to learn by heart its most popular idiomatic expressions.

In the following pages, under every English idiom, you will find the corresponding German *Redewendung*. This will help you catch its full meaning in no time.

Learn 250 German idioms, everyday phrases and proverbs, and enjoy comparing them with their English equivalents.

Proverbs
(Sprichwörter)

1) **A word to the wise is enough.**

Dem Weisen genügt ein Wort.

2) **Don't look a gift-horse in the mouth.**

Einem geschenkten Gaul schaut man nicht ins Maul.

3) **One's first love is never forgotten.**

Alte Liebe rostet nicht.

4) **The early bird catches the worm.**

An hour in the morning is worth two in the evening.

Morgenstund hat Gold im Mund.

5) **The king is dead, long live the king!**

Der König ist tot, lang lebe der König!

6) **Strike while the iron is hot.**

Make hay while the sun shines.

Man muss das Eisen schmieden, solange es heiß ist.

7) **To call a spade a spade.**

Die Dinge beim (rechten) Namen nennen.

8) **When in Rome do as the Romans do.**

Andere Länder, andere Sitten.

Man muss mit den Wölfen heulen.

9) **Beauty is in the eye of the beholder.**

Schönheit liegt im Auge des Betrachters.

10) **Don't put off until tomorrow what you can do today.**

Was du heute kannst besorgen, das verschiebe nicht auf morgen.

11) **There's many a slip 'twixt the cup and the lip.**

Easier said than done.

Von den Worten zu den Taten ist es ein weiter Weg.

Leichter gesagt als getan.

12) **Lies have short legs.**

Lügen haben kurze Beine.

13) **A man is known by the company he keeps.**

Sage mir, mit wem du gehst, und ich sage dir, wer du bist.

14) **The shoemaker's son always goes barefoot.**

The cobbler's children have no shoes.

Des Schusters Frau geht in geflickten Schuhen zur Schau.

Der Schuster trägt die schlechtesten Schuhe.

15) **In the land of the blind, the one-eyed man is king.**

Unter (den) Blinden ist der Einäugige König.

16) **Speak of the devil (and in he walks).**

Talk of the devil (and he is sure to appear).

Wenn man vom Teufel spricht, dann ist er nicht weit.

Wenn man vom Wolfe spricht, kommt er gerannt.

17) **A bird in the hand is worth two in the bush.**

Besser den Spatz in der Hand als die Taube auf dem Dach.

18) **All that glitters is not gold.**

Es ist nicht alles Gold, was glänzt.

19) **Self-praise is no recommendation.**

Eigenlob stinkt, Eigenruhm hinkt.

20) **The tree is known by its fruit.**

An der Frucht erkennt man den Baum.

21) **Rome wasn't built in a day.**

Rom wurde auch nicht an einem Tag erbaut.

22) **An eye for an eye, a tooth for a tooth.**

Auge um Auge, Zahn um Zahn.

23) **Where there is a will there is a way.**

Wo ein Wille ist, ist auch ein Weg.

24) **Barking dogs seldom bite.**

Hunde, die bellen, beißen nicht.

25) **What the eye doesn't see, the heart doesn't grieve over.**

Out of sight, out of mind.

Was ich nicht weiß, macht mich nicht heiß.

Aus den Augen aus dem Sinn.

26) **Nothing ventured, nothing gained.**

Faint heart never won fair lady.

Wer nicht wagt, der nicht gewinnt.

27) **If you sleep with dogs, you will wake up with fleas.**

Wer mit Hunden zu Bett geht, steht mit Flöhen (wieder) auf.

28) **Seek and ye shall find.**

Wer suchet, der findet.

29) **God helps those who help themselves.**

Hilf dir selbst, so hilft dir Gott.

30) **A leopard cannot change its spots.**

Die Katze lässt das Mausen nicht.

31) **Forewarned is forearmed.**

Gefahr erkannt, Gefahr gebannt.

32) **He who lives by the sword shall die by the sword.**

Wer mit dem Schwert kämpft, wird durch das Schwert sterben.

Wer das Schwert ergreift, der soll durchs Schwert umkommen.

33) **Idleness is the root of all evil.**

Idle hands are the devil's workshop.

Müßiggang ist aller Laster Anfang.

34) **You will reap what you sow.**

Wie die Saat, so die Ernte.

35) **Like father, like son.**

A chip off the old block.

Der Apfel fällt nicht weit vom Stamm.

Wie der Vater, so der Sohn.

36) **Curiosity killed the cat.**

The pitcher that goes to the well too often is broken at last.

Neugier ist der Katze Tod.

Neugierige Katzen verbrennen sich die Tatzen.

Der Krug geht so lange zum Brunnen, bis er bricht.

37) **Better late than never.**

Besser spät als nie.

38) **You can't judge a book by its cover.**

Der Schein trügt.

Die Kutte macht noch keinen Mönch.

39) **Night brings (good) counsel.**

Guter Rat kommt über Nacht.

40) **Opportunity makes the thief.**

Gelegenheit macht Diebe.

41) **Don't count your chickens before they are hatched.**

Man soll den Tag nicht vor dem Abend loben.

Man soll das Fell des Bären nicht verteilen, bevor er erlegt ist.

42) **It is better to be alone than in bad company.**

Besser allein als in schlechter Gesellschaft.

43) **There is no rose without thorns.**

Keine Rose ohne Dornen.

44) **Every man is the architect of his own fortune.**

Jeder ist seines Glückes Schmied.

45) **It never rains but it pours.**

These things always come in threes.

Ein Unglück kommt selten allein.

46) **He that sows the wind reaps the whirlwind.**

Wer Wind sät, wird Sturm ernten.

47) **One swallow does not make a summer.**

Eine Schwalbe macht noch keinen Sommer.

48) **The exception proves the rule.**

Ausnahmen bestätigen die Regel.

49) **Fortune favors the brave.**

Dem Mutigen gehört die Welt.

50) **Do unto others as you would have them do unto you.**

Was du nicht willst, dass man dir tu, das füg auch keinem andern zu.

51) **The end justifies the means.**

Der Zweck heiligt die Mittel.

52) **When the cat's away, the mice will play.**

Wenn die Katze aus dem Haus ist, tanzen die Mäuse auf dem Tisch.

Ist die Katze aus dem Haus, tanzen die Mäuse auf dem Tisch.

53) **Hope dies last.**

Die Hoffnung stirbt zuletzt.

54) **Business before pleasure.**

Erst die Arbeit, dann das Vergnügen.

55) **He who laughs last laughs loudest.**

Wer zuletzt lacht, lacht am besten.

56) **Appetite comes with eating.**

Der Appetit kommt beim Essen.

57) **What goes around comes around.**

Wer anderen eine Grube gräbt, fällt selbst hinein.

Wie man in den Wald hineinruft, so schallt es heraus.

58) **Critical situations call for drastic measures.**

Außergewöhnliche Situationen erfordern außergewöhnliche Maßnahmen.

59) **Necessity is the mother of invention.**

Not macht erfinderisch.

60) **Live and let live.**

Leben und leben lassen.

61) **As you make your bed, so you must lie in it.**

Was man sich eingebrockt hat, das muss man auch auslöffeln.

Wie man sich bettet, so liegt man.

62) **You scratch my back and I'll scratch yours.**

Eine Hand wäscht die andere.

63) **Practice what you preach.**

Wasser predigen und Wein trinken.

64) **There's no accounting for tastes.**

Über Geschmack lässt sich nicht streiten.

65) **Don't wash your dirty linen in public.**

Wasche nicht öffentlich deine schmutzige Wäsche.
Schmutzige Wäsche wäscht man zu Hause.

66) **First come, first served.**

Wer zuerst kommt, mahlt zuerst.

67) **Well begun is half done.**

Gut begonnen, ist halb gewonnen.
Frisch gewagt, ist halb gewonnen.

68) **Grasp all, lose all.**

Wer zuviel fasst, lässt viel fallen.

69) **A friend in need is a friend indeed.**

Ein Freund in der Not ist ein wahrer Freund.

Ein Freund in der Not ist ein Freund in der Tat.

70) **Haste makes waste.**

Slow and steady wins the race.

Eile mit Weile.

Blinder Eifer schadet nur.

71) **Where there's life there's hope.**

Solange es Leben gibt, gibt es Hoffnung.

72) **To err is human, but to persevere (in error) is diabolical.**

Irren ist menschlich, aber auf Irrtümern zu bestehen ist teuflisch.

73) **Red sky at night, shepherd's delight. Red sky at morning, shepherd's warning.**

Abendrot, Schönwetterbot. Morgenrot – schlecht Wetter droht.

74) **Time will tell.**

Wait and see.

Abwarten und Tee trinken.

75) **All roads lead to Rome.**

Alle Wege führen nach Rom.

76) **Work ennobles man.**

Arbeit adelt.

77) **Don't bite the hand that feeds you.**

Beiß nicht die Hand, die dich füttert.

Säge nicht an dem Ast, auf dem du sitzt!

78) **Blood is thicker than water.**

Blut ist dicker als Wasser.

79) **A good friend is worth their weight in gold.**

Ein guter Freund ist Gold wert.

80) **The way to hell is paved with good intentions.**

Der Weg zur Hölle ist mit guten Vorsätzen gepflastert.

81) **A stich in time saves nine.**

An ounce of prevention is better than a pound of cure.

Vorbeugen ist besser als heilen.

Doppelt genäht hält besser.

82) **All is well that ends well.**

Ende gut, alles gut.

83) **Opposites attract.**

Gegensätze ziehen sich an.

84) **Money doesn't smell.**

Geld stinkt nicht.

85) **A trouble shared is a trouble halved.**

Geteiltes Leid ist halbes Leid.

86) **It is easy to be wise after the event.**

Hinterher ist man immer klüger.

87) **In wine (there) is truth.**

Im Wein liegt die Wahrheit.

88) **Love is blind.**

Liebe macht blind.

89) **Lucky at cards, unlucky in love.**

Glück im Spiel, Pech in der Liebe.

90) **It's no use crying over spilt milk.**

Über vergossene Milch soll man nicht jammern.

Über verschüttete Milch lohnt sich nicht zu weinen.

91) **Don't shoot the messenger.**

Den Boten trifft keine Schuld.

92) **Many enemies, much honour.**

Viel Feind, viel Ehr.

93) **What doesn't kill you makes you stronger.**

Was dich nicht umbringt, macht dich (nur) stärker.

94) **If the mountain will not come to Muhammad, then Muhammad must go to the mountain.**

Wenn der Berg nicht zum Propheten kommt, muss der Prophet zum Berg kommen.

95) **He conquers who endures.**

Steter Tropfen höhlt den Stein.

Beharrlichkeit führt zum Ziel.

96) **Man proposes, God disposes.**

Der Mensch denkt, Gott lenkt.

97) **Fish and guests smell after three days.**

Der Gast ist wie der Fisch, er bleibt nicht lange frisch.

98) **To each his due.**

Justice renders to every man his due.

Jedem das Seine.

99) **Make a virtue of necessity.**

Aus der Not eine Tugend machen.

100) **Tomorrow is another day.**

Morgen ist auch noch ein Tag.

101) **Speech is silver, but silence is golden.**

Reden ist Silber, Schweigen ist Gold.

102) **Practice makes perfect.**

Übung macht den Meister.

103) **It's good to trust others but not to do so is much better.**

Vertrauen ist gut, Kontrolle ist besser.

104) **Enough is as good as a feast.**

Allzuviel ist ungesund.

105) **Time heals all wounds.**

Die Zeit heilt alle Wunden.

106) **Render to Caesar the things which are Caesar's.**

Gebt dem Kaiser, was des Kaisers ist.

107) **An apple a day keeps the doctor away.**

Ein Apfel am Tag hält den Doktor in Schach.

108) **Every cloud has a silver lining.**

Auf Regen folgt Sonnenschein.

109) **Let sleeping dogs lie.**

Schlafende Hunde soll man nicht wecken.

110) **Speak now or forever hold your peace!**

Wer schweigt, bejaht.

111) **Variety is the spice of life.**

In der Abwechslung liegt die Würze des Lebens.

112) **You can't make a silk purse out of a sow's ear.**

Nicht aus jeder Zwiebel wächst eine Tulpe.

113) **The grass is always greener on the other side of the fence.**

Die Kirschen in Nachbars Garten schmecken immer süßer.

114) **You can see a mote in another's eye but cannot see a beam in your own.**

Man sieht den Splitter im fremden Auge, im eigenen den Balken nicht.

115) **In every country, dogs bite.**

In jeder Küche gibt es zerbrochene Töpfe.

116) **No news, good news.**

Keine Nachrichten sind gute Nachrichten.

117) **Move your feet, lose your seat.**

Wer weggeht, verliert seinen Platz.

118) **A promise made is a debt unpaid.**

Versprochen ist versprochen.

119) **Revenge is a dish best served cold.**

Rache ist ein Gericht, das am besten kalt serviert wird.

120) **One nail drives out another.**

Ein Nagel treibt den andern.

121) **Never interfere between husband and wife.**

Wenn Mann und Frau sich streiten, so bleibe du im Weiten.

122) **Every law has a loophole.**

Sobald Gesetz ersonnen, wird Betrug begonnen.

123) **A bad penny is always turning up.**

Unkraut vergeht nicht.

124) **You can't have your cake and eat it.**

Man kann nicht auf allen Hochzeiten gleichzeitig tanzen.

Man kann nicht den Fünfer und das Weggli haben.

125) **There's none so deaf as those who will not hear.**

Keiner ist so taub wie der, der nicht hören will.

Idioms & Phrases (Redewendungen)

1) **Tit for tat.**

Wie du mir, so ich dir.

Gleiches mit Gleichem vergelten.

2) **It's raining cats and dogs.**

Es regnet Bindfäden.

Es regnet in Strömen.

Es schüttet wie aus Eimern.

3) **Out of the frying pan into the fire.**

Vom Regen in die Traufe.

4) **To pull someone's chestnuts out of the fire.**

To save one's bacon.

Für jemanden die Kastanien aus dem Feuer holen.

5) **Don't cross your bridges till you come to them.**

Kümmere dich nicht um ungelegte Eier.

6) **To be pushing up (the) daisies.**

To bite the dust.

To kick the bucket.

Die Radieschen von unten betrachten.

Ins Gras beißen.

7) **To buy a pig in a poke.**

Die Katze im Sack kaufen.

8) **In a month of Sundays.**

Till the cows come home.

Until hell freezes (over).

When pigs fly.

(Du kannst warten) bis die Kühe nach Hause kommen.

Da kannst du warten, bis du schwarz wirst.

9) **To kill two birds with one stone.**

Zwei Fliegen mit einer Klappe schlagen.

10) **The straw that breaks the camel's back.**

Der Tropfen, der das Fass zum Überlaufen bringt.

11) **Birds of a feather flock together.**

Gleich und gleich gesellt sich gern.

12) **To kill time.**

Die Zeit totschlagen.

13) **Once in a blue moon.**

Alle Jubeljahre einmal.

Alle heiligen Zeiten einmal.

14) **To have a finger in every pie.**

Seine Hand im Spiel haben.

Seine Nase in alles stecken.

15) **To kiss someone's ass.**

To pay lip service.

Sich bei jemandem einschleimen.

16) **To take the bull by the horns.**

Den Stier bei den Hörnern packen.

17) **It's water under the bridge.**

Schnee von gestern.

18) **To be on cloud nine.**

Ganz aus dem Häuschen sein.

Wie im siebten Himmel sein.

19) **To make a clean sweep.**

Reinen Tisch machen.

20) **To mix business with pleasure.**

Das Angenehme mit dem Nützlichen verbinden.

21) **To have neither head nor tail.**

Weder Hand noch Fuß haben.

22) **Same meat, different gravy.**

Six of one and half a dozen of the other.

Das ist gehupft wie gesprungen.

Das ist Jacke wie Hose.

23) **To knock on wood.**

To touch wood.

Klopfen auf Holz.

24) **To make a fool of (someone).**

Durch den Kakao ziehen.

25) **I smell a rat!**

Nachtigall, ich hör dir trapsen!

Lunte riechen.

26) **To get on someone's nerves.**

Auf die Nerven gehen.

27) **To cook one's own goose.**

To have one's goose cooked.

In des Teufels Küche kommen.

28) **To be as mad as a hatter.**

Einen Vogel haben.

29) **To crook / To bend one's elbow.**

Zu tief ins Glas schauen.

30) **To have ants in one's pants.**

Hummeln im Hintern haben.

31) **To have one's head in the clouds.**

Den Kopf in den Wolken haben.

32) **To tilt at windmills.**

Gegen Windmühlen kämpfen.

33) **To be hand in glove (with someone).**

Mit jemandem eng befreundet sein.

Unter einer Decke stecken.

34) **To bite the bullet.**

In den sauren Apfel beißen.

35) **To put a good / brave face on (something).**

Gute Miene zum bösen Spiel machen.

36) **To tar everyone with the same brush.**

To lump everything together.

Alles über einen Kamm scheren.

37) **To rack one's brain(s).**

Sich den Kopf zerbrechen.

38) **To beat about the bush.**

Auf die lange Bank schieben.

Um den heißen Brei herumreden.

39) **To put the cart before the horse.**

Den Ochsen hinter den Pflug spannen.

Das Pferd von hinten aufzäumen.

40) **To have a skeleton in the closet**.

Eine Leiche im Keller haben.

41) **To laugh up one's sleeve.**

Sich ins Fäustchen lachen.

42) **To put a spoke in one's wheel.**

To throw a spanner in the works.

Einen Strich durch die Rechnung machen.

43) **(To be) on pins and needles.**

Wie auf glühenden Kohlen sitzen.

44) **By the skin of one's teeth.**

By a hair.

Mit einem blauen Auge davonkommen.

45) **To build castles in the air.**

To build castles in Spain.

Luftschlösser bauen.

46) **To be like looking for a needle in a haystack.**

Die (Steck)nadel im Heuhaufen suchen.

47) **To be born with a silver spoon in one's mouth.**

Mit einem goldenen / silbernen Löffel im Mund geboren worden sein.

48) **To roll up one's sleeves.**

Die Ärmel hochkrempeln.

49) **Caught between a rock and a hard place. Between the devil and the deep blue sea.**

Zwischen Baum und Borke stehen.

50) **To eat humble pie.**

Den Gang nach Canossa antreten.

51) **In for a penny, in for a pound.**

Wer A sagt, muss auch B sagen.

52) **To reckon without one's host.**

Die Rechnung ohne den Wirt machen.

53) **The die is cast.**

Die Würfel sind gefallen.

54) **To throw in the sponge / the towel.**

Das Handtuch werfen.

55) **The pot calls the kettle black.**

Ein Esel schimpft den anderen Langohr.

56) **To cut to the chase.**

To get to the point.

Zur Sache / zum Punkt kommen.

57) **And they all lived happily ever after.**

Und sie lebten glücklich miteinander bis ans Ende ihrer Tage.

58) **To turn a blind eye (to someone / something).**

Ein Auge zudrücken.

59) **A different kettle of fish.**

A horse of a different color.

Ein anderes Paar Schuhe.

60) **In the blink of an eye.**

In two shakes of a lamb's tail.

Im Handumdrehen.

61) **Out of the blue.**

Aus heiterem Himmel.

Völlig unerwartet.

62) **To get (hold of) the wrong end of the stick.**

Das völlig falsch interpretieren.

63) **To run with the hare and hunt with the hounds.**

Auf zwei Hochzeiten tanzen.

64) **To look after number one.**

To look out for number one.

Sich nur um sich selbst kümmern.

65) **To take the wind out of one's sails.**

To clip one's wings.

Jemandem den Wind aus den Segeln nehmen.

66) **To rest on one's laurels.**

Sich auf seinen Lorbeeren ausruhen.

67) **To have an ace up one's sleeve.**

Ein Ass / einen Trumpf im Ärmel haben.

68) **A tough / A hard nut to crack.**

Eine harte Nuss.

Ein harter Brocken.

69) **To walk on eggshells / eggs / thin ice.**

Wie auf Eiern gehen.

70) **To wear one's heart on one's sleeve.**

Sein Herz auf der Zunge tragen.

71) **To bite off more than one can chew.**

Sich übernehmen.

Sich zu viel zumuten.

72) **To turn a deaf ear (to sbd / stg).**

Sich taub stellen.

Everyday Phrases (alltägliche Ausdrücke)

1) **Please come in**: *Komm herein*

2) **Deal!**: *Abgemacht!*

3) **Hang on a second, please.**

Hold on a minute, please: *Bitte warten Sie einen Augenblick*

4) **Mind your own business!**: *Kümmere dich um deine eigenen Angelegenheiten*

5) **Watch your mouth!**: *Pass auf, was du sagst!*

6) **That's enough!**: *Es reicht!*

7) **Lucky you!**: *Du Glückspilz!*

8) **No matter what (happens)**: *Komme, was (da) wolle*

9) **What's the matter with you?**: *Was ist (denn) mit dir los? / Was ist los mit dir?*

10) **What a pity!**

What a shame!: *Wie schade!*

11) **Give me a call!**: *Ruf mich an!*

12) **Don't mention it.**

You're welcome: *Keine Ursache / Macht nichts*

13) **How (are) you doing?**

How's it going?: *Wie geht's? / Wie läuft's?*

14) **Congratulations!**

Congrats!: *(herzlichen) Glückwunsch!*

15) **My pleasure**: *Es ist mir ein Vergnügen*

16) **With all due respect**: *mit Verlaub / bei allem Respekt*

17) **My deepest condolences.**

I'm sorry for your loss: *Mein Beileid*

18) **Last but not least**: *zu guter Letzt*

19) **What the hell's going on?**: *Was zum Teufel geht hier vor (sich)?*

20) **Not at all**: *ganz und gar nicht / überhaupt nicht*

21) **Are you serious?**

Seriously?: *Im Ernst? / Ist das dein Ernst?*

22) **It's up to you**: *Es hängt von dir ab*

23) **Hooray!**

Yay!: *Hurra! / Juhu!*

24) **Be careful!**: *Pass auf! / Achtung! / Vorsicht!*

25) **Be my guest**: *Aber natürlich!*

26) **Make yourself at home**: *Fühl dich wie zu Hause*

27) **Take your time**: *Lass dir ruhig Zeit*

28) **It doesn't matter**: *Das tut nichts / Das ist nicht wichtig*

29) **Damn it!**

Shit!

Fuck!

Bloody hell!: *Scheiße! / Verdammt noch mal! / Verdammter Mist!*

30) **I screwed up**: *Ich hab's vermasselt*

31) **Best regards**: *mit freundlichen Grüßen*

32) **Fingers crossed!**: *Ich drücke die Daumen*

33) **Forget it!**: *Lass es gut sein! / Vergiss es!*

34) **Leave me alone!:** *Lass mich alleine! / Lass mich in Frieden!*

35) **Are you kidding me?**: *Willst du mich auf den Arm nehmen? / Willst du mich verarschen?*

36) **Hands up (in the air)!**: *Hände hoch!*

37) **Of course!**: *Natürlich!*

38) **Thank God**: *Gott sei Dank / Gottlob*

39) **It's worth it**: *Es lohnt sich*

40) **I'm looking forward to seeing you!**: *Ich freue mich darauf, Sie wiederzusehen*

41) **Don't bother!**: *Bemühe dich nicht! / Mach dir keine Mühe!*

42) **Don't you dare!**: *Untersteh dich! / Wag es (ja) nicht!*

43) **It's on the house**: *Das geht aufs Haus*

44) **To lose one's temper**: *die Beherrschung verlieren / die Geduld verlieren*

45) **For Christ's sake!**

For heaven's sake!: *Herrgott nochmal! / Um Gottes willen!*

46) **Best wishes!**: *Alles Gute!*

47) **Can I buy you a drink?**: *Kann ich Ihnen etwas zu trinken holen?*

48) **Poor thing**: *Armer (Junge / Kerl / Gefährte)*

49) **To make up one's mind**: *zu einer Entscheidung kommen*

50) **Hello? Who's speaking?**

Hello? Who is this?: *Hallo? Wer ist am Apparat, bitte?*

51) **Copy that!**

Roger that!: *Verstanden!*

52) **To start from scratch**: *(ganz) von vorne anfangen*

53) **Bless you!**: *Gesundheit!*

54) **Cheers!**: *Prost!*

55) **Hurry up!**: *Beeil dich!*

56) **Are you mad at me?**: *Bist du mir böse?*

57) **I beg your pardon?**

Excuse me?: *Wie bitte?*

(If you'll) excuse me: *Wenn Sie mich jetzt entschuldigen*

58) **I'm sorry!:** *Entschuldigung! / Verzeihung!*

59) **Safe and sound**: *heil und gesund / gesund und munter*

60) **I was joking.**

I was (just) kidding: *Ich scherze nur*

61) **Help yourself**: *Bitte bedienen Sie sich*

62) **Sit down, please.**

Have a seat!: *Bitte nehmen Sie Platz! / Setzen Sie sich!*

63) **Sweet dreams!**

Sleep tight!: *Träum was Schönes! / Schlaf gut!*

64) **I'm an only child**: *Ich bin Einzelkind*

65) **I'm all ears**: *Ich bin ganz Ohr*

66) **Take care!**: *Pass auf dich auf!*

67) **I'm on my way!**: *Ich bin schon unterwegs!*

68) **Happy birthday!**: *Alles Gute zum Geburtstag!*

69) **I'll see you home.**

I'll walk you home.

I'll drive you home: *Ich bringe Sie nach Hause*

70) **It's your turn**: *Du bist dran*

71) **Get out of my way!**: *Geh mir aus dem Weg!*

72) **No strings attached**: *ohne weitere Bedingungen*

73) **See you later.**

See ya: *Bis später*

74) **Shame on you!**: *Schäm dich!*

75) **Shut up!**

Shut your mouth!

Be quiet!

Hush!: *Schweig! / Sei still! / Halt den Mund! / Halt's Maul!*

76) **Break a leg!**

Good luck!: *Viel Glück! / Hals-und Beinbruch!*

77) **I'm sick of it**: *Ich habe es satt*

78) **No problem.**

Don't worry: *Keine Bange / Mach dir keine Sorgen!*

79) **What's the weather like?**

How's the weather?: *Wie ist das Wetter?*

80) **You're a pain in the ass**: *Du gehst mir auf den Sack!*

81) **I don't give a damn / a fuck**: *Das interessiert mich nicht die Bohne*

82) **Fuck you!**

Fuck off!

Screw you!: *Fich dich! / Fick dich ins Knie! / Leck mich am Arsch!*

83) **Go to hell!**: *Scher dich zum Teufel!*

84) **Holy crap!**: *Heilige Scheiße!*

85) **What the fuck do you want?**

What the hell do you want?: *Was zum Teufel willst du?*

Thanks for choosing this book.
If you find it helpful, please help other readers with your feedback.

Linda

www.ingramcontent.com/pod-product-compliance
Ingram Content Group UK Ltd.
Pitfield, Milton Keynes, MK11 3LW, UK
UKHW021644190726
13853UKWH00001B/51

9 798211 067516